AFFAIRE DU RECENSEMENT.

LETTRE

A M. HUMANN,

MINISTRE DES FINANCES,

PAR AUG. BILLIARD.

> Si la Nation fait une loi, les ministres peuvent l'interpréter, la dénaturer comme bon leur semble.
> Quel est le plus factieux, de celui qui demande le renversement d'un tel ordre de choses ou de celui qui demande à le conserver ?

PRIX : 25 CENTIMES.

PARIS,

AU DÉPOT CENTRAL DES ÉCRITS POPULAIRES,

DUFAY, ÉDITEUR, rue de Verneuil, 34 bis.

1841.

AFFAIRE DU RECENSEMENT.

LETTRE

A M. HUMANN, MINISTRE DES FINANCES.

> Si la Nation fait une loi, les ministres
> peuvent l'interpréter, la dénaturer comme
> bon leur semble.
> Quel est le plus factieux, de celui qui
> demande le renversement d'un tel ordre
> de choses ou de celui qui demande à le
> conserver?

Monsieur le Ministre,

On n'a pas tout dit sur l'affaire du recensement; on ne voit
pas encore toutes les questions qu'elle soulève, toutes les
conséquences qui peuvent en résulter. A propos de patentes
ou de portes et fenêtres, l'existence d'un gouvernement se
trouve compromise, non point par la résistance matérielle,
dont vous pourrez triompher, mais par la raison, qui, comme
l'a dit Voltaire, finit toujours par avoir raison. Les difficultés qu'a fait naître l'affaire du recensement sont d'autant
plus sérieuses que notre constitution n'offre aucun moyen
de les résoudre. Telle est, au fond, la cause de l'embarras où
vous êtes, embarras qui ne fera que s'accroître, si vous per-
sistez dans la voie où vous êtes engagé, et c'est pour vous
une nécessité d'y persister. J'ai pris la liberté de vous écrire
cette lettre pour vous expliquer qu'il n'est point de tempé-
rament à l'aide duquel vous puissiez sortir de ce mauvais
pas.

Votre but, ou celui de la loi, dont vous n'êtes que l'instrument, est d'atteindre toutes les personnes ou tous les objets qui doivent être soumis à certains impôts. Rien de plus conforme aux règles de la justice distributive, qui ne veut pas que les uns contribuent aux charges publiques, tandis que les autres en seraient dispensés. Il n'est pas question, quant à présent, de modifier le principe de l'impôt, de le répartir d'une manière plus équitable; votre dessein est seulement de lui faire rapporter tout ce qu'il peut produire. Le point essentiel est de trouver 30 à 40 millions pour aligner nos budgets, qui vont toujours croissant, à mesure que se développent les bienfaits du système constitutionnel. Si, sans user de trop de rigueur, ces 30 à 40 millions reviennent de plein droit à l'État, quel reproche, en définitive, peut-on adresser à ceux qui les feront arriver au trésor?

Aussi n'est-ce pas sur ce point qu'on attaque l'administration des finances. Nous n'en sommes pas non plus au refus de l'impôt, auquel vous pourriez nous amener, sans qu'il y eût de notre faute. Il ne s'agit, pour le moment, que de savoir de quelle manière doit s'opérer le recensement, question qui, par elle-même, n'aurait pas de gravité, si l'on ne se demandait ensuite quel est le moyen de la résoudre. C'est là seulement que le sol brûle et que commence l'embarras du gouvernement.

Accordons-nous d'abord sur les faits. Suivant vous, monsieur le Ministre, ce sont vos agents, messieurs les contrôleurs des finances, qui doivent précéder l'autorité municipale dans la visite qu'ils font de nos habitations. S'il faut en croire un grand nombre de communes, particulièrement celle de Toulouse, c'est l'autorité municipale, au contraire, qui doit précéder les agents des finances, ou les introduire dans le domicile des citoyens, sauf à recevoir les observations que ces agents pourraient avoir à lui adresser.

Sans recourir au texte des lois, dites-le-moi, je vous prie, monsieur le Ministre, les maires ne sont-ils pas les magistrats avec lesquels la constitution nous met en rapport pour l'accomplissement de nos devoirs et l'exercice de nos droits? N'est-ce pas en eux que se personnifie la commune ou l'unité sociale dont nous sommes les membres? N'est-il pas d'un bon gouvernement, d'une sage politique, de faire répartir les charges publiques par ceux qui ont à les supporter? Les contrôleurs, comme leur nom l'indique, peuvent-ils avoir d'autre mission que de vérifier si l'administration municipale n'a rien retranché, rien oublié ; et, pour faire cette vérification, n'est-il pas nécessaire que l'agent du fisc soit toujours précédé par le magistrat auquel personne ne peut refuser l'entrée de sa maison ? Il me semble que les rôles sont intervertis ; que du contrôleur vous avez fait l'agent principal de la puissance exécutive, tandis que le maire ne serait plus qu'un surnuméraire de l'administration des finances. Vous me citerez peut-être l'exemple des droits-réunis, dont les commis peuvent entrer chez les débitants ou marchands de boissons. L'exemple ne serait pas heureux ; il n'est qu'une fâcheuse exception à la règle. Au reste, si la manière dont vous procédez est prescrite par la loi, j'en serais fâché pour la loi, que je proposerais de réformer, si j'avais l'honneur d'être député.

En tout cas, les dispositions de cette loi ne sont pas aussi claires, aussi précises qu'on pourrait le désirer, puisqu'il y a deux manières de l'entendre. Vous prétendez, vous, monsieur le Ministre, que votre recensement est légal; de son côté, la ville de Toulouse et une foule d'autres communes maintiennent que vous avez violé la loi. Là-dessus, chacun de prendre fait et cause, qui pour vous, qui pour les opposants. Les uns justifient la résistance, puisqu'il y a de la part de l'administration violation manifeste de la loi. Au dire des autres, non seulement le ministre a complétement raison ; mais admît-on qu'il eût tort, les citoyens et les communes doivent d'abord se soumettre, sauf à recourir aux moyens légaux qu'il est permis d'employer pour redresser les erreurs de l'autorité.

Mais quels sont ces moyens? voilà le point qu'il importe d'examiner. Quant à vous, monsieur le Ministre, vous avez trop d'esprit pour prétendre que vous n'avez pu vous tromper ; il n'est personne qui ne soit sujet à l'erreur, les ministres comme les autres hommes, si haut qu'ils soient placés. J'admets aussi, et j'aime à croire, que vous ne vous êtes pas trompé ; mais il y a des gens moins éclairés que vous qui se sont persuadé que vos actes étaient contraires à la loi. Les plus honnêtes gens font quelquefois de bien mauvais procès. Vous avez trop d'esprit, je le répète, et surtout trop de générosité pour répondre que le différend ne doit pas être vidé, ou qu'il n'appartient qu'à vous de le vider. Mais comment le sera-t-il? c'est à ce point que je reviens toujours. Où est le juge qu'on pourra immédiatement saisir de la difficulté? Car il ne faut pas que la justice se fasse attendre ; elle doit être constamment prête à statuer sur les réclamations que le gouvernement ou les citoyens peuvent avoir à lui soumettre. Il est des fautes qui sont irréparables, une fois qu'on les a commises. Ainsi, voilà un ministre (ne prenez pas cela pour vous) qui, chargé de recueillir les documents nécessaires pour l'établissement d'un impôt, se sert d'autres agents, d'autres moyens que ceux indiqués par la loi. N'est-il pas possible qu'il arrive à des résultats diamétralement opposés à ceux que le législateur voulait obtenir? J'ai connu un général qui, ayant reçu l'ordre de lever une contribution de guerre dans une ville tombée en son pouvoir, et de faire appuyer les collecteurs de l'impôt par la force armée, trouva plus simple de charger ses soldats eux-mêmes de la perception. Le lendemain, le pays était perdu pour le conquérant.

Est-ce la ville de Toulouse, permettez-moi de la citer pour exemple, car je me sens, je l'avoue, beaucoup de sympathie pour elle, ou bien est-ce un ou plusieurs de ses habitants qui introduiront l'instance entre eux et le gouvernement? Quant à la ville, cela n'est pas possible dans l'ordre actuellement établi. Agent principal du pouvoir exécutif, le ministre a donné ses ordres au préfet, qui les a transmis au maire, chargé de l'exécution définitive ou d'y concourir en qualité de contrôleur, s'il n'en est directement chargé. L'employé des finances qui marche le premier, et le maire qui le suit, car j'emboîte mes pas dans les vôtres, n'ont que le droit de soumettre leurs observations aux chefs dont ils sont les instruments. Ils peuvent aussi donner leur démission, comme l'ont fait le maire et les adjoints de la ville de Toulouse, trouvant qu'on ne leur commande pas chose qui soit faisable, ou que la mesure prescrite n'est pas conforme à la loi. Le conseil municipal n'a pas plus que le maire et ses adjoints le droit d'intenter une action contre le gouvernement.

Les particuliers seront du moins plus heureux; s'il n'y a pas d'autorité à Toulouse qui puisse les entendre, ils pourront apporter leurs griefs à Paris? S'il s'agissait d'une cote d'impôt mal établie, d'une affaire personnelle à un citoyen, il y aurait moyen d'empêcher l'erreur ou de la rectifier; mais il s'agit d'une mesure d'ordre général, en cours d'exécution dans tout le pays. Est-ce le conseil de préfecture de votre département qui se permettra de rompre l'unité, non moins nécessaire pour l'exécution que pour la confection de la loi? Si vous parvenez au conseil d'État, il vous dira qu'il est incompétent, qu'il s'agit d'une question de responsabilité ministérielle dont il n'a point à connaître. D'ailleurs, qu'est-ce que le conseil d'État? un bureau consultatif qui dépend entièrement du ministre, une espèce de palliatif, — et les palliatifs ne remédient à rien, — qui dissimule quelque peu la portion de despotisme laissée aux mains du pouvoir exécutif.

Il s'agit donc d'une question de responsabilité : mais comment attaquer, comment saisir la responsabilité? Et d'abord, où est la loi sur la responsabilité? Les réclamants adresseront des pétitions à la chambre ; mais quand la chambre s'assemblera-t-elle? Si elles n'ont pas un bon numéro, les pétitions que nous lui enverrons de Toulouse ou d'ailleurs , ne viendront peut-être pas en rang utile pour être rapportées, et si l'on en fait le rapport, qu'en pourra-t-il advenir? La chambre n'est pas un tribunal; elle renverra les pétitions au ministre, c'est le plus grand succès qu'on puisse espérer. Mais le ministre, juge en sa propre cause, ne reviendra pas sur ce qu'il aura décidé. Si la chambre ne lui renvoie pas la pétition , la cause ne sera pas davantage jugée, puisque le débat pourra indéfiniment revenir à la chambre.

Il n'en est pas de l'interprétation d'une loi comme d'un besoin qu'on exprime, d'une réforme, d'une loi nouvelle qu'on veut obtenir. Il est de toute nécessité qu'une autorité spéciale, constamment à la disposition de l'état et des citoyens, interprète les lois d'une manière absolue, définitive, et surtout qu'elle ne fasse point attendre ses résolutions.

Il faut en convenir de bonne foi, monsieur le Ministre; vous êtes ou plutôt nous sommes les uns et les autres dans une impasse. En langage ministériel, cela s'appelle une affaire *sans issue*; je vous citerais vingt questions, toutes de la plus haute importance, qui ne trouvent pas plus de juges que l'affaire du recensement. Ce sont autant d'affaires sans issue. Dans toutes ces affaires, l'autorité, soi-disant responsable ou irresponsable, agit et tranche comme bon lui semble. Le plus souvent elle oppose la force d'inertie ; les gens qui réclament ne sont que des tracassiers ou des impertinents. Je sais des malheureux qui sont morts de faim, dans toute l'horreur de l'expression, faute d'une loi, ou d'un juge qui prononce entre eux et le gouvernement, tandis qu'il y a des millions qui leur appartiennent dans le coffre-fort sur lequel vous êtes assis.

Nous avons accordé ou laissé prendre à nos gouvernants , en matière d'intérêt public, une latitude qu'on ne voudrait accorder à personne, en matière d'intérêt privé. Autrement que deviendrait la royauté? Est-elle autre chose qu'une somme plus ou moins considérable d'arbitraire laissée aux mains d'un seul ou de quelques individus ?

L'affaire du recensement, comme tant d'autres, dépend uniquement du bon plaisir des ministres ou de cette prérogative dont tout le monde n'apprécie pas les avantages : qu'avons-nous de mieux à désirer?

Il faut le dire nettement : toutes les fois qu'un ministre, qu'un personnage, si élevé qu'il soit, est juge de ses propres actes, de ses propres fautes, il y a tyrannie, il y a despotisme. Dans un État bien constitué, il n'est point de question de droit public ou de droit privé, si peu importante qu'elle soit, qui ne doive immédiatement trouver un juge ; autrement c'est la force, de quelque côté qu'elle vienne, qui résout les difficultés.

Nous l'avons dejà dit : vous admettrez que vous avez pu vous tromper ; vous reconnaîtrez aussi que vous avez été seul juge en votre propre cause. Des luttes sanglantes se sont engagées entre vos soldats et les citoyens. Les canons, chargés à mitraille, sont braqués à l'entrée des rues et sur les places publiques pour que force demeure à la loi, ou, ce qui est bien différent, pour que force demeure à la manière dont vous avez entendu la loi. Vous auriez à votre service tous les canons de la terre et de l'enfer, que vos actes n'en seraient pas moins des actes de despotisme ; car, en définitive, qui nous assure, qui nous garantit que vous n'avez pas tort?

Voilà, monsieur le Ministre, la véritable question du recensement. Il n'est point de petite injustice ; on vous pardonnera moins d'avoir, de votre pleine autorité, arraché un cheveu de la tête d'un citoyen, que d'avoir tranché cette tête au nom du plus impitoyable tribunal. C'est que les peuples vivent encore plus de justice que de liberté, ou plutôt l'une ne va pas sans l'autre ; et nous n'avons ni l'une ni l'autre pour résoudre les questions que vous avez, à vous seul, le courage de décider.

Que faites-vous pour pallier votre tyrannie? Vous demandez à tous les échos, à tous les organes plus ou moins indépendants de l'opinion, si la mesure que vous avez prise n'est pas conforme à la loi. Ce sont les ruses ordinaires du despotisme. Vous demandez l'avis des conseils généraux ; vous avez permis, suivant l'occurrence, aux conseils municipaux, de dire quelle est leur manière de penser. Mais ni les conseils municipaux, ni les conseils généraux ne sont des juges, des interprètes de la loi. Sans doute, il est sage, il est utile de les consulter quand on veut prendre une mesure, de leur demander quel en sera l'effet ; vous pouvez même les autoriser à vous dire si ce que vous allez faire est ou non contraire à la loi ; mais quand vous prenez des avis après coup, n'êtes-vous pas sûr de trouver une foule de gens qui vous disent :

> Vous leur fîtes, seigneur,
> En les croquant, beaucoup d'honneur.

Mille ou vingt mille délibérations de conseils généraux ou de conseils municipaux ne font pas une sentence, un jugement qui ait la force de la vérité pour les citoyens. Vous ressemblez, monsieur le Ministre, à ce grand empereur qui, au lieu de laisser faire les constitutions par le peuple, les faisait lui-même, et qui, du haut du trône où il s'était placé d'avance, entouré des vainqueurs d'Aboukir et de Marengo, demandait aux citoyens dispersés si tout le monde n'était pas de son avis.

Revenons à la ville de Toulouse. On a dit qu'elle voulait faire de l'indépendance, reconquérir ses franchises municipales. Je ne vois pas, je vous l'avoue, quel rapport cette prétention réelle ou imaginaire peut avoir avec la question du recensement. Mais il est évident que si le ministre se permet de décider la chose comme il l'entend, la commune de Toulouse, la petite ville de Saint-Livrade elle-même, doit avoir aussi la faculté de l'entendre comme bon lui semble. Les communes, vous le savez mieux que personne, sont les unités du système politique. Si, d'un côté, elles ont une existence qui leur soit propre, d'un autre côté elles ont des devoirs à remplir comme les individus. Il n'est point de franchises dont elles puissent se prévaloir contre les mesures d'ordre général. Mais, ainsi que les individus, pourquoi n'auraient-elles pas le droit et le moyen d'empêcher l'injustice dont elles deviendraient les victimes ? Vous êtes trop instruit, monsieur le Ministre, pour me répondre que cela est impossible ; que les choses se passent comme chez nous dans les autres pays, sous les autres gouvernéments ; que partout les ministres sont les maîtres, que leurs décisions sont souveraines en matière de recensement comme en toute autre matière.

Pour vous ramener ensuite à la ville de Toulouse, voyons d'abord quels exemples on peut trouver dans les républiques de l'antiquité. A Rome ou dans la Grèce, bien que les magistrats chargés d'exécuter les lois fussent nommés par le peuple lui-même, ce qui offrait déjà quelques garanties, si un ou plusieurs citoyens, si une ou plusieurs tribus, c'étaient les communes d'alors, pensaient que les magistrats ne suivissent pas exactement la ligne tracée par la loi, le sénat, conseil de la nation, était là en permanence pour décider qui avait raison des particuliers ou de l'autorité.

S'agissait-il d'une municipalité non comprise dans la république proprement dite, elle pouvait également porter ses griefs au sénat. C'est par cette justice, par ces garanties, que Rome consolida en Italie une puissance pour le maintien de laquelle la force des armes n'aurait pu suffire.

Lorsque Toulouse fut élevée au rang de ville municipale, Rome n'avait plus que l'ombre de son ancien sénat. Au moins pouvait-on s'adresser à l'empereur, qui avait absorbé tous les pouvoirs. Mais, parmi nous, à quoi servirait-il de s'adresser à Sa Majesté, forcée de se renfermer dans son rôle de roi constitutionnel, ne pouvant faire mal, dit-on, mais aussi, dans certains cas, impuissante à faire le bien, comme de suppléer, par exemple, à la justice lorsqu'elle manque aux citoyens ? Dans notre gouvernement, un ministre est donc plus qu'un pacha , plus qu'un roi, il est l'égal de Dieu. Mais on le répète assez souvent : Dieu lui-même descendrait sur la terre qu'il ne parviendrait pas à nous gouverner; c'est qu'apparemment il se ferait roi ou ministre constitutionnel.

Passons aux temps modernes : pardonnez-moi si je vous cite encore l'exemple d'une république. Dans les États de l'Union anglo-américaine , lorsqu'il s'agit de l'application d'une loi d'ordre général, si une localité, si un État, qui dans ce cas n'est plus qu'un individu, qu'une simple commune comme les nôtres , estime que la loi n'est pas fidèlement observée par l'agent du pouvoir exécutif, le président ou ses ministres sont-ils juges de la question? Est-ce le canon qui est chargé de la résoudre? Vous savez mieux que moi , monsieur le Ministre, qu'il existe à cet égard une disposition formelle dans la constitution. Dans toutes les causes , — la loi ne fait pas de distinction , — où le gouvernement peut être engagé, la cour suprème est appelée à résoudre la difficulté, et quand la cour suprème a prononcé, tous les Etats prêtent main forte au président pour soumettre les récalcitrants à l'autorité de la chose jugée, qui a la même force , plus de force que la loi.

Si vous le vouliez, monsieur le Ministre, nous prendrions nos exemples dans la république de Strasbourg elle-même , cette république que vous connaissez si bien. Vous nous diriez avec orgueil quand et comment son sénat, composé de gens de toutes sortes de métiers, car il n'y avait pas de nobles parmi eux, rendait si bonne justice aux citoyens. Si, dans le recensement de la ville, un contrôleur eût pris le pas sur un bourgmestre, par l'ordre de l'argentier ou du ministre des finances , ce qui était alors la même chose , on eût promptement remis chacun à sa place, sans avoir besoin ni de Mahul, ni de Duval, ni des canons, qui, en définitive, n'ont pas osé à Toulouse ouvrir eux-mêmes la porte des citoyens. Quoi qu'il fasse, le despotisme est toujours moins fort que la justice; lorsqu'il frappe, il a toujours peur qu'on ne le frappe à son tour.

En France , même avant la révolution , les provinces réunies à la couronne par des traités particuliers n'avaient-elles pas des parlements qui jugeaient si les ministres, si le roi, dans ses édits, s'étaient ou non conformés à ces traités? Assurément je ne demande ni le rétablissement des parlements et des provinces, ni qu'on renonce au principe de l'unité. Mais vous conviendrez que, à défaut des parlements qui ne sont plus, il y a quelque chose à faire au centre des communs intérêts.

Savez-vous pourquoi notre glorieuse révolution de 1791 proclama l'insurrection comme le plus saint des devoirs ? c'est parce qu'elle omit d'établir au centre commun un pouvoir qui fût constamment prêt à rendre cette justice, non moins nécessaire à l'Etat qu'aux citoyens. C'est là la grande lacune de nos constitutions ; c'est pour cela que nous ne parvînmes pas à établir le gouvernement républicain. Nous voulions être libres, et nous n'avions pas le moyen d'être justes.

Sous un gouvernement bien constitué, votre affaire du recensement ne serait qu'une misère. A la première réclamation qui vous fût parvenue, saisissant vous-même de l'affaire l'autorité interprétative, vous eussiez cédé sans honte et sans résistance à la moindre explication qu'on vous eût donnée. Si, après cette interprétation, la loi vous eût paru mauvaise, vous en eussiez proposé une meilleure à la chambre des députés : tout se fût arrangé sans bruit, sans le secours de la presse ou de l'artillerie, en moins de temps qu'il ne vous en faudra pour lire cette lettre, si elle peut parvenir jusqu'à vous.

Il est des cas, j'en conviens, où l'autorité exécutive n'a pas le temps d'attendre les décisions du pouvoir interprétatif. Si l'ennemi est à nos portes , s'il y a lieu de prendre une résolution urgente d'où dépend le salut de l'Etat, alors il ne faut pas craindre d'engager sa responsabilité ; ces cas sont prévus par la loi. Mais quand il s'agit d'une question de cadastre, de recensement, ou de prononcer sur toute espèce

(14)

d'affaire pour laquelle il n'est point de péril en la demeure,
quel inconvénient peut-il y avoir à suspendre les opérations
commencées jusqu'à décision de l'autorité souveraine? Tout
serait-il perdu en France, si le peuple, si vous-mêmes, messieurs les Ministres, pouviez vous mettre à l'abri d'une pa-
reille autorité?

Maintenant, voyez dans quelle route impraticable, parmi
quels écueils, quels abîmes vous vous êtes engagé. Ce malheureux recensement est pour vous un cauchemar dont vous
ne parviendrez pas à vous délivrer. Cloué à ce banc de misère
où l'ambition trouve tant de mécomptes, que ne donneriez-vous
pas pour qu'un autre y prît la rame à votre place? Perdu
dans une mer d'arbitraire, il n'est pour le vaisseau où vous
avez eu l'imprudence de vous embarquer aucun rivage où il
puisse aborder, aucune issue par où le secours de la justice
lui puisse arriver.

La portée, les conséquences de l'affaire du recensement
sont immenses. Il n'est personne qui ne soit éclairé par cet
exemple. Si la justice a manqué pour le recensement, on voit
qu'elle manque dans une foule d'autres cas. Si la nation fait
une loi, les ministres peuvent l'interpréter, la dénaturer
comme bon leur semble. Quel est le plus factieux, monsieur
le Ministre, de celui qui demande le renversement d'un tel
ordre de choses ou de celui qui demande à le conserver?

Grâces soient mille fois rendues à la ville de Toulouse
pour les enseignements que sa vigoureuse résistance nous a
donnés! Vous pourrez la vaincre, vous pourrez l'écraser;
mais il n'en restera pas moins démontré qu'il n'y a que de
l'arbitraire entre les ministres et les citoyens.

Agréez, monsieur le Ministre, l'expression de mon profond
respect.

Aug. Billiard.

NOTICE DE L'ÉDITEUR.

Le Dépôt central des écrits populaires a pour but de faciliter par la voie de la presse, et dans le cercle de la plus stricte légalité, tout appel à l'opinion publique, toute manifestation utile du vœu des citoyens, toute idée saine de réforme.

Vainement nos institutions ont pour base l'égalité devant la loi et la souveraineté nationale; une loi électorale en contradiction manifeste avec ces deux principes, le droit d'association proscrit, la presse dépouillée en grande partie du droit de discussion et de la garantie du jury, le droit de pétition tombé dans le mépris des Chambres, tout rend illusoire en ce moment la légitime défense de nos droits imprescriptibles.

La libre disposition de nous-mêmes et de ce qui nous appartient, le consentement et une juste compensation pour l'impôt et pour les services réclamés par l'Etat, seront-ils encore long-temps des mensonges ; l'égalité, la fraternité entre les citoyens, la liberté, la sécurité pour tous, la satisfaction des premiers besoins pour le plus grand nombre un éternel sujet de désespoir, des promesses toujours violées ? La propriété du travail et de l'industrie sera-t-elle sacrifiée sans cesse à ces propriétés parasites qui ne doivent leur existence qu'au travail et à l'industrie, et dont les priviléges condamnent à une misère perpétuelle les véritables producteurs de la richesse? L'impôt du sang et des veilles, si durement, si inégalement perçu, continuera-t-il d'être la proie de la trahison, de la lâcheté et de la paresse ?

Toutes ces questions sont du ressort de la presse populaire; tous les efforts honnêtes doivent tendre sans cesse à la destruction des abus qu'elles signalent.

Beaucoup de vérités enfouies et comprimées n'en font que mieux sentir leur germe vigoureux; pour beaucoup d'autres, la serpe et la hache de l'arbitraire ont beau tailler et trancher, il n'y a pas de main habile qui tienne, les troncs d'arbres et jusqu'aux plus petites branches rendent à chaque instant la fécondité au champ dévasté de l'intelligence.

Souvent les écrits populaires ont offert à la souveraineté nationale un moyen de s'exercer. Leur influence a souvent conjuré des exigences honteuses et coupables ; et si le pays quelquefois a déploré le silence de ses plus habiles écrivains, la faveur et le respect, dont il a entouré ses défenseurs les plus éloquents et les plus dévoués, a pu faire rougir des magistrats assez aveugles pour les avoir condamnés. Par la voie des écrits populaires, la révolte et la trahison peuvent être relancées avec succès jusque dans le sein des grands pouvoirs de l'État.

Virtuellement inviolable et sacré, le droit de la presse s'exerce depuis quelque temps sur une inviolabilité toute différente, soumise, on ne saurait trop le dire, à des conditions résolutoires. Il s'agit de discuter, non un principe bon ou mauvais, les lois de septembre s'y opposent, mais d'examiner les limites posées à ce principe que l'on a cru nécessaire de formuler dans la Charte, et qui n'en est pas moins soumis aux règles éternelles de la justice et de la raison.

L'initiative, pour l'examen de ces questions comme pour l'appréciation des faits qui les ont soulevées, a été prise par le Dépôt central avec une vigueur et en même temps une mesure et une prudence auxquelles les témoignages n'ont pas manqué. L'éditeur, honoré des suffrages d'un public nombreux, et même d'une partie de la magistrature, s'efforcera toujours de mériter la confiance des écrivains les plus dévoués au pays.

Écrits publiés par le Dépôt central :

Profession de foi de M. Ledru-Rollin.	15 centim.
De la Marche des idées depuis la Révolution.	35
De l'Affranchissement du travail.	05
Simple Discours sur les affaires du temps.	15
Jacques Bonhomme.	10
Procès des Lettres attribuées par le journal *la France* au roi Louis-Philippe.	15

SOUS PRESSE :

Nouveaux incidents du procès des Lettres, *faisant suite à la brochure précédente.*

Choix de Discours sur l'inviolabilité royale, prononcés à diverses époques par les Représentants de la Nation.

De la Réforme électorale dans l'intérêt des travailleurs.

La Vérité sur l'attentat Darmès, Réponse du parti national aux calomnies du parti de l'étranger.

Le prix de ces brochures est de 5 à 50 centimes.

L'éditeur, jurisconsulte, ancien secrétaire de Merlin (de Douai), publie et au besoin peut rédiger ou corriger les pétitions, mémoires, réclamations et plaintes, en un mot toutes les manifestations légales du vœu des citoyens qu'il se charge de soutenir, et dont il prend la responsabilité.

Ces publications, dont les frais sont supportés par les intéressés, se tirent au nombre d'exemplaires voulus par les personnes qui en font la demande, et qui peuvent disposer en entier de chaque édition.

PARIS. — IMPRIMERIE DE BOURGOGNE ET MARTINET, RUE JACOB, 30.